essentials

essentials liefern aktuelles Wissen in konzentrierter Form. Die Essenz dessen, worauf es als „State-of-the-Art" in der gegenwärtigen Fachdiskussion oder in der Praxis ankommt. *essentials* informieren schnell, unkompliziert und verständlich

- als Einführung in ein aktuelles Thema aus Ihrem Fachgebiet
- als Einstieg in ein für Sie noch unbekanntes Themenfeld
- als Einblick, um zum Thema mitreden zu können

Die Bücher in elektronischer und gedruckter Form bringen das Expertenwissen von Springer-Fachautoren kompakt zur Darstellung. Sie sind besonders für die Nutzung als eBook auf Tablet-PCs, eBook-Readern und Smartphones geeignet. *essentials:* Wissensbausteine aus den Wirtschafts-, Sozial- und Geisteswissenschaften, aus Technik und Naturwissenschaften sowie aus Medizin, Psychologie und Gesundheitsberufen. Von renommierten Autoren aller Springer-Verlagsmarken.

Weitere Bände in der Reihe http://www.springer.com/series/13088

Ulrike Weber · Sophia Gesing

Feelgood-Management

Chancen für etablierte Unternehmen

Ulrike Weber
Hamburg, Deutschland

Sophia Gesing
Hamburg, Deutschland

ISSN 2197-6708   ISSN 2197-6716   (electronic)
essentials
ISBN 978-3-658-23976-3   ISBN 978-3-658-23977-0   (eBook)
https://doi.org/10.1007/978-3-658-23977-0

Die Deutsche Nationalbibliothek verzeichnet diese Publikation in der Deutschen Nationalbibliografie; detaillierte bibliografische Daten sind im Internet über http://dnb.d-nb.de abrufbar.

Springer ist ein Imprint der eingetragenen Gesellschaft Springer Fachmedien Wiesbaden GmbH und ist ein Teil von Springer Nature
Die Anschrift der Gesellschaft ist: Abraham-Lincoln-Str. 46, 65189 Wiesbaden, Germany

Was Sie in diesem *essential* finden können

- Wie Feelgood-Management (FGM) organisatorische Agilität unterstützt
- FGM im Vergleich zu anderen Führungskonzepten
- Mehrwert von FGM auch für etablierte Unternehmen
- Schnittstellen und Synergien von FGM mit existierenden Abteilungen
- Vorschläge zur Gestaltung von FGM in Unternehmen
- Ansichten von HR-Verantwortlichen etablierter Unternehmen zu FGM

Inhaltsverzeichnis

Einleitung 1

Der Megatrend *Hygge,* die Wichtigkeit von Work-Life Balance im Job und die Beschäftigung von Feelgood-Managern machen deutlich: Organisationen haben längst realisiert, dass eine positive Arbeitsatmosphäre und Unternehmenskultur, die geprägt ist durch Wertschätzung der Mitarbeiterinnen und Mitarbeiter und deren Wohlbefinden, immer entscheidender für nachhaltiges Wachstum und unternehmerischen Erfolg werden. Erfolgsrelevante Kompetenzen eines Unternehmens wie Engagement der Mitarbeiterinnen und Mitarbeiter, Innovationsfähigkeit oder Resilienz, sind ohne eine positive Arbeitsatmosphäre in der Organisation nicht zu erreichen. Auch wenn der Grad der Umsetzung und Verankerung dieser Überzeugung in organisatorischen Prozessen und Strukturen noch nicht überall vollkommen ist: Der Grundstein dafür ist in vielen Unternehmen gelegt. Denn in einer Welt, die durch V. U. C. A., demografischen Wandel und Digitalisierung geprägt ist, werden nur agile, anpassungsfähige Organisationen in der Zukunft Bestand haben.

Nur was ist an dieser als notwendig prophezeiten Neuausrichtung wirklich neu? Skeptiker stellen die Frage, ob Wertschätzung der Mitarbeiterinnen und Mitarbeiter nicht schon immer als *der* Erfolgsfaktor von Unternehmen gesehen wurde. Auch kritische Fragen zu dem Konzept des Feelgood-Managements kommen auf. Liegen die Anfänge des Feelgood-Managements nicht im betrieblichen Gesundheitsmanagement und sind dort fest verankert? Haben etablierte Unternehmen nicht schon seit jeher die dem Feelgood-Management zugrunde liegenden Werte und sogar Teile des Feelgood-Managements in bestehende Prozesse integriert? Ist Feelgood-Management als neues Phänomen somit lediglich auf Start-ups beschränkt? Und warum gibt es das scheinbar angelsächsische Konzept nur im Deutschen? Denn in englischsprachigen Ländern löst der Begriff *Feelgood* und *Feelgood-Management* oft Verwunderung aus. Diesen Fragen geht das zweite *essential* zu Feelgood-Management nach und thematisiert die Chancen, Grenzen, Schnittmengen mit anderen Bereichen und Gestaltungsmöglichkeiten des Konzeptes in etablierten Unternehmen.

© Springer Fachmedien Wiesbaden GmbH, ein Teil von Springer Nature 2019
U. Weber und S. Gesing, *Feelgood-Management,* essentials,
https://doi.org/10.1007/978-3-658-23977-0_1

Agilität als Erfolgsfaktor für Unternehmen

2

Unternehmen und ihr Umfeld sind in Bewegung. Globalisierung, virtuelle Organisationen, Netzwerkstrukturen, Shared Leadership, Digitale Transformation und Arbeit 4.0 sind Schlagwörter, die in den Medien und Unternehmen omnipräsent sind. Viele Organisationen überdenken ihre erprobten Prozesse sowie Abläufe und realisieren die Notwendigkeit einer Neuausrichtung. Sie setzen verstärkt auf flexible Strukturen, unbürokratische und partizipative Prozesse, sowie eine werte- und mitarbeiterorientierte Unternehmensführung (Scherber & Lang, 2015). Diese Umstellung zielt auf *Agilität* ab, die als zukünftiger Erfolgsfaktor für Organisationen gesehen und im folgenden Kapitel näher erläutert wird.

2.1 Herausforderungen der Zukunft

Alle Organisationen, seien es Unternehmen, staatliche Einrichtungen oder NGOs, stehen in der heutigen Zeit tief greifenden Veränderungen gegenüber, die nachhaltig Einfluss auf den organisatorischen Erfolg, Geschäftsprozesse, Organisationsstrukturen und die Arbeitswelt nehmen. Diese sogenannten Megatrends umfassen unter anderem Digitalisierung, Work-Life-Balance, demografischen Wandel sowie Globalisierung. So verändert beispielsweise die verstärkte Nutzung moderner Informations- und Kommunikationstechniken die Kompetenzanforderungen an Mitarbeiterinnen und Mitarbeiter und bricht die traditionellen Muster von „Arbeiten im Büro – Leben außerhalb des Büros" auf. Belegschaften von Unternehmen werden heterogener in Bezug auf Alter, ethnischen Hintergrund und Geschlecht sowie bevorzugte Arbeitsmodelle.

Die daraus resultierenden herausfordernden Rahmenbedingungen für die Unternehmensführung lassen sich in dem Akronym V. U. C. A. zusammenfassen.

© Springer Fachmedien Wiesbaden GmbH, ein Teil von Springer Nature 2019
U. Weber und S. Gesing, *Feelgood-Management,* essentials,
https://doi.org/10.1007/978-3-658-23977-0_2

Die Buchstaben stehen dabei für die englischen Wörter „volatility" (Volatilität), „uncertainty" (Ungewissheit), „complexity" (Komplexität) sowie „ambiguity" (Mehrdeutigkeit) (Bennet & Lemoine, 2014). Die Wörter bringen zum Ausdruck, dass wir heutzutage in einer äußerst schnelllebigen, sich stets verändernden, komplexen und ambivalenten Welt leben.

Vor diesem Hintergrund müssen sich Unternehmen rechtzeitig den neuen Herausforderungen stellen, um langfristig wettbewerbsfähig zu bleiben. Sich mit diesen Megatrends auseinanderzusetzen und organisatorische Antworten auf sie zu finden, ist daher von strategischer Bedeutung für jede Organisation. Ein wichtiger Ansatzpunkt ist dabei, das Konzept der Agilität holistisch im gesamten Unternehmen zu fördern und zu leben.

2.2   Agilität im unternehmerischen Kontext

Das Adjektiv ‚agil' ist ein Synonym für *aktiv, energiegeladen, beweglich, dynamisch* und *vital* (Bibliographisches Institut, o. J.). Im unternehmerischen Kontext beschreibt Agilität das Potenzial einer Organisation, sich auf stetig verändernde Rahmenbedingungen flexibel anpassen zu können und weiterhin gewinnbringend zu operieren (Goldman et al., 1996; Zobel, 2005). Dabei wird auf eine Veränderung nicht nur reagiert, sondern diese auch aktiv initiiert, wenn der Wandel sinnvoll erscheint (Kahveci, 2014). Wichtig ist: Das Ziel ist nicht eine ständige Veränderung der Organisationsstruktur, vielmehr gilt es, eine Unternehmensstruktur und -kultur zu etablieren, die stetige situationsabhängige Anpassungen erlaubt. Denn ein agiles Unternehmen akzeptiert Umbrüche und nutzt oder löst sie zum eigenen Vorteil aus (Highsmith, 2002). Um diese Einstellung zu erreichen, fußt Agilität auf Werten und Grundsätzen der Zusammenarbeit und Wertschätzung (Zobel, 2005). Das Konzept ist daher in erster Linie als ganzheitliche Unternehmenskultur zu verstehen. Eine Unternehmenskultur umfasst die Definition alle geteilten Werte und Vorstellungen und bildet somit implizite Entscheidungsprämissen (Schrader & Wenzl, 2015). Als komplexes Gefüge von Wertvorstellungen, Normen und Einstellungen hat die Kultur eines Unternehmens damit maßgeblichen Einfluss auf das individuelle Verhalten am Arbeitsplatz sowie die Leistung und das Engagement eines jeden Einzelnen. Eine Ausrichtung auf Agilität geht daher auch immer mit einem Wandel der Unternehmenskultur einher, die als handlungsprägenden Rahmen ihre Ausprägungen wie Umgangsformen, Führungsverhalten und Kollegialität formt.

2.3 Ursprung der Agilität in Unternehmen

Das Konzept der Agilität hat seinen Ursprung in der Softwareentwicklung (Dreyer, 2013). Hohe Innovationsgeschwindigkeit, individuelle, sich schnell ändernde Kundenanforderungen bei Projekten, dynamischer Wettbewerb sowie Wissensarbeit charakterisieren die IT-Branche. Wissensarbeit umfasst dabei eine durch inhaltliche Komplexität und Aktualität geprägte Form der Arbeit und macht Standardisierung von Prozessen und Aufgaben schwierig (Spath et al., 2009). Ergebnisse werden durch Zusammenarbeit und Interaktion in Teams erreicht, die oft autonom agieren. Dieser Austausch von Kenntnissen und Erfahrungen ist integraler Bestandteil für Wissensarbeit, denn er lässt kreative Lösungen entstehen. Das Fördern von Motivation sowie das Schaffen von Freiräumen sind wesentliche Aufgaben des Unternehmens, um das eigenverantwortliche Handeln der Mitarbeiterinnen und Mitarbeiter zu gewährleisten und zu fördern. Diese Form der Wissensarbeit sowie die sich rasch verändernden Marktbedingungen in der IT-Branche erforderten die Modifikation klassischer Unternehmensstrukturen, Führungsmodelle und Arbeitsansätze. Denn Vernetzung, zeitnahe Entscheidungen, interne Kommunikationsbereitschaft und individuelle Mitarbeitermotivation konnten mit den bisherigen Vorgehensweisen und Denkmustern nicht immer erreicht werden (Guillium & Klumpp, 2015).

Deswegen versammelten sich im Jahr 2001 siebzehn erfahrene Softwareentwickler und Vordenker der IT-Branche in Utah, USA, und diskutierten über die Neugestaltung dieser Rahmenbedingungen. Sie sprachen sich gegen langsame, bürokratische Organisationsstrukturen und planungsintensive Arbeitsmethoden aus, die in der Softwareentwicklung nicht mehr zeitgemäß und zielführend seien (Pröpper, 2012). Sie initialisierten die agile Bewegung und formulierten das *Agile Manifest,* welches die grundlegenden Werte und Prinzipien der Agilität und des agilen Arbeitens zusammenfasst (Beck et al., 2001). Die Grundidee der agilen Bewegung besagt, dass eine erfolgreiche Produktentwicklung nur durch Wissensaustausch und eigene Erfahrungen erreicht wird. Als Leitbild gilt, dass Individuen und ihre Interaktionen sowie ihre Kooperation Priorität vor starren Prozessen haben. Dieses Leitbild spiegelt das Konzept wider, dass der Mensch oder das Humankapital im Unternehmen, bestehend aus den kollektiven Fähigkeiten, Kenntnisse und Fertigkeiten der Mitarbeiter, die wichtigste Ressource im unternehmerischen Kontext sind. Deswegen steht auch die Investition in die Qualität des Arbeitslebens im Mittelpunkt der strategischen Arbeit (CIPD, 2018; Goldman et al., 1996). Agilität leistet einen Beitrag dazu.

2.4   Wandel zur agilen Organisation

Viele IT-Unternehmen und Projekt-Organisationen implementieren bereits in der Gründungsphase agile Strukturen. Aber auch andere Unternehmen erkennen zunehmend den Nutzen und die Chance der Agilität (Roock, 2015). Sie streben oft eine organisatorische Ambidextrie an, was die Fähigkeit beschreibt, als Organisation sowohl effizient als auch flexibel in einem agieren zu können (Birkinshaw & Gibson, 2004; O'Reilly & Tushman, 2008). Agile Transition wird der Prozess genannt und beinhaltet neben der Integration moderner Strukturen und flexiblen Arbeitsmethoden eine ganzheitliche grundlegende Organisationsveränderung. Dies kann durch **kontextuelle** Ambidextrie erfolgen, indem Unternehmen innerhalb gleichbleibender Strukturen je nach Aufgabe unterschiedliche Vorgehensweisen anwenden. Die Kunst besteht darin, die möglicherweise konfliktären Vorgehensweisen zuzulassen und produktiv im Rahmen von *Organizational Learning* (Senge, 2006) zu integrieren. Viele etablierte Unternehmen versuchen auch durch **strukturelle** Ambidextrie eine nachhaltige und zukunftsorientierte Ausrichtung auf Agilität abzubilden. Dies geschieht durch die Gründung oder Ausgliederung von Organisationseinheiten, sogenannten Spin-Offs, die sich oft mit Innovationen beschäftigen und vielversprechende Geschäftsperspektiven forcieren. Dabei weisen sie meist die Organisationsmerkmale von Start-Ups auf: Wenig Formalisierung, flache Hierarchien und hohe Risikoaffinität. Das Spin-Off profitiert vom Netzwerk und Wissen des etablierten Unternehmens, während im Gegenzug Zugang zu Start-up typischen Vorgehensweisen und Innovationen gewonnen wird (Nörr, 2016).

Neben der Gründung von Spin-Offs gehen viele Unternehmen für strukturelle Ambidextrie auch den Weg über Kooperationen mit Start-ups. Diese Zusammenarbeit wird immer wichtiger, da so Zugang zu Innovationen und agilen Arbeitsweisen erzielt wird. Eine Studie der Beratung Accenture antizipiert sogar, dass in 2020 knapp ein Fünftel des gesamten Umsatzes eines Unternehmens direkt aus der Kooperation mit Start-ups generiert wird (Accenture, 2015).

Die meisten Unternehmen stehen dabei vor einem maßgeblichen Kulturwandel, denn eine agile Denkweise bricht oft mit etablierten Prozessen und Parametern. Anstatt sich klassisch auf das betriebswirtschaftliche Endergebnis zu konzentrieren, stehen die Mitarbeiterinnen und Mitarbeiter und ihre Interaktionen in Form von produktiver Zusammenarbeit im Fokus. Es wird davon ausgegangen, dass sich Beschäftigte grundsätzlich gerne engagieren und selbstbestimmt Entscheidungen bei der Arbeit treffen wollen (Kasch, 2013). Dies steht im Widerspruch zum klassischen Gedanken, dass klare Vorgehensweisen, Anweisungen und Regeln notwendig sind, um Verhalten zu initiieren. Auch das Tolerieren und Fördern einer gesunden Fehlerkultur ist ein wichtiger Baustein der agilen Transition, da es das Lernen aus Erfahrungen begünstigt und neue Informationen für Impulse und Ideen gibt (Guillium & Klumpp, 2015). Agilität erfordert somit einen komplexen Kulturwandel, veränderte Verhaltensweisen bei Beteiligten und ein neues Werteverständnis im Unternehmen (Fischer, 2015).

Feelgood-Management als Umsetzung der Agilität 3

Feelgood-Management ist eine moderne Unternehmensphilosophie mit Fokus auf die Organisationskultur, welche die grundlegende Basis für die Umsetzung von Agilität legt. Das Konzept des Feelgood-Managements und seine Facetten wurden bereits ausführlich im ersten *essential* erläutert. Hier folgt daher nur ein kleiner Auszug, welcher den Ursprung des Konzeptes, die Prinzipien sowie das Berufsbild des Feelgood-Managers erklärt. Ebenso wird der Vergleich zu angrenzenden und verwandten Konzepten vorgenommen.

3.1 Ursprung und Inhalt von Feelgood-Management

Feelgood-Management ist ein ganzheitlicher Ansatz, der die Etablierung und Gestaltung einer werteorientierten Unternehmenskultur anstrebt, um so nachhaltig optimale Rahmenbedingungen für effizientes Arbeiten zu schaffen. Es ist ein Konzept der Arbeitswelt 4.0 und stellt Mitarbeiterinnen und Mitarbeiter mit ihren Bedürfnissen in das Zentrum der Managemententscheidungen (siehe Leitsatz des Agilen Manifests in Abschn. 2.3). Das Konzept fußt grundlegend auf der Annahme, dass Beschäftigte eigenmotiviert nach den besten Arbeitsergebnissen streben. Hier lassen sich Analogien zur Y- Theorie von McGregor (2005) finden, die davon ausgeht, dass Menschen intrinsisch motiviert sind und die Arbeit als Quelle der Freude sehen.

Damit sich dieses Potenzial entfalten kann, bedarf es jedoch optimaler Rahmenbedingungen und eines Unternehmens, das Beschäftigte und ihre individuellen Fähigkeiten wahrnimmt und fördert. Ein einheitlicher Wertekanon, Fokus auf Gemeinschaftlichkeit und wahre Wertschätzung sind das Ziel des Feelgood-Managements. Dies führt langfristig zu Motivations-, Loyalitäts- und

© Springer Fachmedien Wiesbaden GmbH, ein Teil von Springer Nature 2019
U. Weber und S. Gesing, *Feelgood-Management*, essentials,
https://doi.org/10.1007/978-3-658-23977-0_3

Produktivitätssteigerung bei Beschäftigten und bildet die Grundlage für eine hohe Flexibilität sowie schnelle Anpassungsfähigkeit und – bereitschaft und somit Agilität für Unternehmen.

Das Konzept Feelgood-Management wurde erstmals im Jahr 2012 von deutschen Startups angewandt. Bis zum aktuellen Datum gibt es aber keine einheitliche Definition in der Fachliteratur. Im Kern wird es, angelehnt an die Wortherkunft, als Wohlfühl-Führung oder Handhabung einer Wohlfühlkultur im Unternehmen verstanden.

3.2   Berufsbild des Feelgood-Managers

Integraler Bestandteil des Feelgood-Managements ist das neue Berufsbild der Feelgood-Manager. Diese verantworten, gestalten und bringen das Thema im Unternehmen voran. Ein erstes Jobprofil wurde 2013 vom Fraunhofer Institut für Arbeitswirtschaft und Organisation entwickelt, das Kompetenzen, Aufgaben und die Rolle von Feelgood-Managern genauer definiert. Jedoch ist es bis jetzt keine geschützte Berufsbezeichnung und es gibt somit keine gesetzlichen Regelungen zu einer festgelegten Ausbildung. Nur einige private Träger bieten modular aufgebaute Fachaus- und Weiterbildungen an. Aufgrund dieser Merkmale werden Feelgood-Manager oftmals in der Gehaltsklasse der im Vergleich zu setzenden agilen Coaches angesiedelt. Diese sind spezialisiert auf den Wandel in einem Unternehmen hin zu mehr Anpassungsfähigkeit. Dabei unterstützen sie vor allem das Konzept der selbstlernenden Organisation. Das Einstiegsgehalt von agilen Coaches und somit auch von Feelgood-Managern fängt bei circa € 30.000–35.000 pro Jahr an und steigert sich auf bis zu € 45.000 mit zunehmender Berufserfahrung.

Feelgood-Manager haben das Ziel, eine Wohlfühlkultur im Unternehmen zu etablieren. Daher ist das Aufgabenspektrum, das sie bedienen, auch breit aufgestellt. Es umfasst primär vier Themenschwerpunkte, die in den Tätigkeiten verschmelzen. Dazu zählt: Fördern positiver Zusammenarbeit und guter Führung in der Organisation, interne Kommunikation, Arbeitsplatzgestaltung und Gesundheitsförderung. Je nach Unternehmen können weitere Aufgaben dazukommen oder wegfallen. Zu den konkreten Tätigkeiten zählt beispielhaft das Stärken einer Willkommens-, aber auch Feedback- und Fehlerkultur sowie die Organisation von Events, um das Miteinander zu fördern. Es gilt, ein Zugehörigkeitsgefühl zu schaffen, welches von kooperativer Zusammenarbeit und Wertschätzung lebt. Auch die Gestaltung von Kreativecken oder informellen Treffpunkten zum Austausch sowie die Etablierung neuer Open Office-Konzepte sind möglich. Das Bereitstellen von vielfältigen Angeboten, die

Stress und Gesundheitsproblemen vorbeugen sollen, kann ebenfalls in den Aufgabenbereich eines Feelgood-Managers fallen. Aufgrund dieser Tätigkeiten sind spezielle Kompetenzen gefordert. Feelgood-Manager verfügen meist über viel Empathie, Organisationstalent sowie Kommunikationsstärke. Zudem sind ein gutes Verhältnis zu Kollegen und Geschäftsleitung sowie ein großes internes Netzwerk von Vorteil. Feelgood-Manager müssen oft sehr eigenverantwortlich handeln, weswegen Selbstorganisation und Eigeninitiative zu ihren Kernkompetenzen zählen sollten.

Zusammenfassend sind Feelgood-Manager das Bindeglied zwischen Führungskräften oder Geschäftsleitung und Mitarbeiter. Daher sind sie organisatorisch idealerweise als Stabstelle bei der Geschäftsführung angesiedelt. So wird die Wichtigkeit der Position unterstrichen und ihre Neutralität gesichert, da keine Verbindung zu arbeitsrechtlichen Themen besteht.

3.3 Nutzen des Feelgood-Managements für Unternehmen

Feelgood-Management hat einen hohen wirtschaftlichen Wertbeitrag für das Unternehmen. Eine wertschätzende Unternehmenskultur äußert sich primär und zu allererst in Mitarbeiterzufriedenheit. Durch individuelle Förderung und ein kooperatives Gemeinschaftsgefühl sind Mitarbeiterinnen und Mitarbeiter motiviert und kommen gern zur Arbeit. Beschäftigte fühlen sich dem Unternehmen verbunden, sind stolz auf ihre Tätigkeit, engagiert und bleiben dem Unternehmen loyal. Dadurch kann langfristig auch der Unternehmenswert gesteigert werden, da motivierte und loyale Beschäftigte effektiver und produktiver sind. Ebenso werden motivierte Mitarbeiterinnen und Mitarbeiter im Rahmen von Employee Branding die besten Botschafter für das Unternehmen als Arbeitgeber. So kann durch gelebtes Feelgood-Management die Arbeitgeberattraktivität gesteigert werden, was sich unter anderem an einer erhöhten Anzahl von Bewerbungen zeigen kann.

Einer der zentralen Nutzen von Feelgood-Management für Unternehmen ist jedoch die nachhaltige Sicherung von Agilität in Zeiten von V. U. C. A. Diese Veränderungskompetenz von Unternehmen basiert oft auf einem Wertesystem, das Wertschätzung und Kooperation fördert sowie holistisch, konsequent und glaubhaft in der gesamten Organisation umsetzt (Haufe, 2017). Veränderungen müssen gesamthaft als Chance gesehen werden. Um diese Einstellung bei Beschäftigten zu schaffen, ist Vertrauen und Freiraum als Basis essenziell. Angelehnt an die Selbstbestimmungstheorie von Ryan & Deci (2000), motiviert das Gefühl der Mitbestimmung und -gestaltung im Veränderungsprozess und führt sogar zu Freude und Spaß an neuen Herausforderungen. Durch die starke Vernetzung und offene Kommunikation, die Feelgood-Management schafft und stärkt, wird eine Innovations-, Fehler- und Vertrauenskultur geschaffen, die es ermöglicht, rasch und flexibel auf Veränderungen zu reagieren. Durch kollaborative Zusammenarbeit wird wesentlich schneller Wissen ausgetauscht und es entsteht eine Lernkultur im Unternehmen, da die Vernetzung auch neue Inspirationen und Impulse für die eigene Arbeit mit sich bringt. Gesamthaft führt dies auch zu einer gestärkten Problemlösungskompetenz in der Gruppe, da durch den geschaffenen Freiraum an Zeit und Toleranz für Fehler die Anzahl und Qualität an alternativen Lösungsvorschlägen steigt (Haufe, 2017). Das geschaffene Wir-Gefühl im Unternehmen im Rahmen des Feelgood-Managements stärkt noch weiter die unternehmerische Entwicklung in Richtung Agilität.

Feelgood-Management im Konzeptvergleich

4

Feelgood-Management, wie es in Deutschland gestaltet und verstanden wird, ist in seiner Form und Ausprägung einzigartig. Es beschreibt eine deutsche Adaption und Symbiose von Konzepten, die bisher stärker im Ausland verbreitet sind. Jedoch ist die Sensibilisierung für das Thema Wohlbefinden am Arbeitsplatz und für eine positive Unternehmenskultur keine neue Idee. Artverwandte Ansätze und Konzepte, die es neben Deutschland auch in Großbritannien, den Vereinigten Staaten sowie vielen anderen Ländern bereits gibt, werden im folgenden Kapitel näher erläutert. Allen Konzepten gemein ist dabei die Anlehnung an die Positive Psychologie, die deshalb als erstes erläutert wird.

4.1 Positive Psychologie

Die Wissenschaft der Positiven Psychologie ist eine seit den 90er-Jahren in den U.S.A. begründete Richtung der Psychologie, die sich mit den Phänomenen Glück, Vertrauen, Optimismus und Solidarität beschäftigt (Johann & Möller, 2013). Die Pionierarbeit auf diesem Gebiet geht auf Martin Seligmann zurück, der die Gründung von Lehrstühlen der Positiven Psychologie an U.S.-amerikanischen Universitäten wie Harvard, Stanford und der University of Pennsylvania unterstützte. Die Positive Psychologie erforscht, was Menschen glücklich, zufrieden, leistungsstark und das Leben lebenswert macht. Die gewonnenen Erkenntnisse werden seitdem in der Unternehmenspraxis genutzt und darauf aufbauend Konzepte zur Mitarbeiterführung und Motivationssteigerung entwickelt (Ruckriegel et al., 2015). Zu den zentralen Erkenntnissen gehört die Umkehr der Annahme,

© Springer Fachmedien Wiesbaden GmbH, ein Teil von Springer Nature 2019
U. Weber und S. Gesing, *Feelgood-Management*, essentials,
https://doi.org/10.1007/978-3-658-23977-0_4

dass Erfolg glücklich macht. Laut der Positiven Psychologie müsste es eher heißen: Je glücklicher eine Person ist, umso erfolgreicher ist sie (Haas, 2016).

Ein Managementansatz, der auf die Positive Psychologie zurück geht und die Anwendung der Forschungsergebnisse in der Praxis darstellt, ist der in angelsächsischen Ländern bekannte *Corporate Happiness Leadership-Ansatz,* auch *Positive Leadership* genannt. Es beschreibt ein ganzheitliches Führungssystem, was auf der Überzeugung beruht, dass die Berücksichtigung der Bedürfnisse der Mitarbeiter Produktivität und finanziellen Unternehmenserfolg steigern. Der Begriff *Corporate Happiness* wurde von Oliver Haas geprägt, der die Erkenntnisse der Positiven Psychologie auf die Berufswelt anwendet (Haas, 2015). Er geht davon aus, dass der Fokus im Unternehmen auf den Individuen und ihrer Zusammenarbeit liegen muss sowie der Anstrengung, Glück und Zufriedenheit als zentralen Wert in der Unternehmenskultur zu verankern.

Dennoch divergiert das deutsche Feelgood-Management in seinem Verständnis und der Zielsetzung vom Konzept der *Corporate Happiness* als Führungssystem. Das primär angelsächsische Konzept basiert auf der Annahme, dass Beschäftigte freiwillig länger im Büro bleiben je vollständiger das Unternehmen das Privatleben von Mitarbeiterinnen und Mitarbeitern im Büro abbildet und Wohlfühlen schafft (Grüling, 2014). Schon seit den Anfängen der New Economy, welche die elementare Veränderung der Wirtschaft durch die Anwendung moderner Informations- und Kommunikationstechnologien beschreibt, vertrauen Firmen wie Google und Facebook daher auf die Zufriedenheit der Beschäftigten als Wirtschaftsfaktor (Neumair, 2016). Denn zufriedene Beschäftigte arbeiten gerne, machen Überstunden und bleiben auch nach regulärem Arbeitsschluss noch im Büro. So verschmelzen Arbeitsalltag und Freizeit im Unternehmen. Mitarbeiterinnen und Mitarbeitern wird das Gefühl suggeriert, dass Freizeit und Erholung auch während der Arbeitszeit und innerhalb der Organisationsgrenzen stattfinden kann. Corporate Happiness hat somit im Fokus primär den finanziellen Erfolg des Unternehmens (Haas, 2016).

Feelgood-Management hingegen versucht, die **reguläre** Arbeitszeit im Büro angenehm zu gestalten. Unternehmenserfolg wird auch dadurch erreicht, dass Beschäftigte ein ausgewogenes Verhältnis zwischen produktiver Arbeitszeit und notwendiger Erholung und Freizeit haben. Ausreichende Regenerationsphasen zur Kompensation von Belastung und subjektiver Beanspruchung sind essenziell (Ruckriegel et al., 2015). So können präventiv Erkrankungen vermieden und die Leistungsfähigkeit der Mitarbeiterinnen und Mitarbeiter langfristig gesichert werden. Feelgood-Management achtet daher darauf, dass Beschäftigte nicht mehr als die erforderliche Arbeitszeit im Büro verbringen. Falls dies nun doch vorkommen sollte, wird sich nach den Ursachen erkundigt und versucht, diesen durch

Maßnahmen entgegenzuwirken. Feelgood-Management strebt auch Vernetzung, Innovationssteigerung und Employer Branding an und steigert dadurch den Mehrwert für das Unternehmen.

4.2   Well-Being Management

In angelsächsischen Ländern ist der Begriff *Feelgood-Management,* trotz seines vermeintlichen angelsächsischen Ursprungs, nicht bekannt. Das Konzept als solches ist jedoch weit verbreitet und wird als „*Well-Being*" bezeichnet. In den Anfängen basierte *Well-Being* auf körperlicher Gesundheit, hat sich aber weiterentwickelt und umfasst heute psychische Gesundheit und allgemeines Wohlbefinden sowie Zufriedenheit am Arbeitsplatz. Das Ziel von *Well-Being* ist es, ebenso wie das von Feelgood Management, ein Arbeitsumfeld zu schaffen, das holistisch Gesundheit und Glück im Arbeitsumfeld unterstützt. Mitarbeiterinnen und Mitarbeiter sollen zufrieden sein sowie ihr Potenzial entfalten können. Dabei kommt der Organisation die Rolle zu, aktiv die Bedingungen für dieses Arbeitsumfeld zu schaffen. Die Investition einer Organisation in *Well-Being* lohnt sich, weil es in erhöhter Resilienz, gesteigerter Innovationsfähigkeit und Produktivität resultiert (CIPD, 2018). Der Mehrwert von *Well-Being* liegt in seiner nachhaltigen, organisatorischen Verankerung. Es sollen nicht kurzfristig Probleme aus dem Weg geschafft, sondern langfristig Mehrwert für alle Beteiligten generiert werden.

Wie *Well-Being* im Einzelnen ausgestaltet wird, hängt von den Bedürfnissen der Mitarbeiter und der Organisation ab, umfasst aber meist die folgenden Elemente (CIPD, 2018):

- Gesundheitsförderung (physisch und psychisch)
- Gestaltung eines gutes Arbeitsumfeldes
- Flexible Arbeitszeitmodelle
- Positive Beziehungen am Arbeitsplatz
- Möglichkeiten zur Weiterentwicklung
- Gesunde Führung/gutes Verhältnis zum Management

Well-Being umfasst fünf Kern-Dimensionen, die Abb. 4.1 entnommen werden können. *Well-Being*-Initiativen thematisieren zum Beispiel **individuelle** Aspekte wie Gesundheit und persönliche Weiterentwicklung, **organisatorische** Aspekte wie die Gestaltung des Arbeitsumfeldes und der -bedingungen, **kollektive** und **soziale** Aspekte wie positive Beziehungen am Arbeitsplatz aber auch **wertebasierte** Aspekte wie gute Führung.

Abb. 4.1 Fünf Dimensionen des angelsächsischen Well-Being Konzeptes. (Quelle: Eigene Darstellung in Anlehnung an CIPD 2018)

Auch die Integration von *Well-Being* in der Organisation spielt eine entscheidende Rolle für dessen Erfolg: Nur durch eine Verankerung in die ganze Organisation, ihre Prozesse und Strukturen, sowie Unternehmens- und Führungskultur, kann *Well-Being* sein Potenzial entfalten (CIPD, 2018). Hier unterscheidet es sich als Konzept nicht von Feelgood-Management.

Im Gegensatz zum Feelgood-Management wird jedoch durch das *Well-Being* der Funktion Human Resources (HR) im unternehmerischen Kontext eine Schlüsselrolle zugeschrieben. HR ist somit die Funktion innerhalb einer Organisation, die die Umsetzung von *Well-Being* vorantreibt. Ebenso vermittelt HR als Mediator idealerweise die unterschiedlichen Interessen des Unternehmens. Die Abteilung HR arbeitet mit Schlüsselfunktionen wie dem oberen Management, den Linien Managern und den Mitarbeitern zusammen, um gemeinsame Lösungen zu finden. Das deutsche Feelgood-Management agiert dagegen meist unabhängig von HR und ist direkt der Geschäftsführung angegliedert. Auf die Abgrenzung von Feelgood-Management zu der Funktion HR in deutschen Unternehmen wird gesondert in Abschn. 5.6.3 eingegangen.

Eine Besonderheit des Konzeptes *Well-Being* ist, dass es ein „Doppelleben" führt, da der Begriff auch im Deutschen genutzt wird. Das deutsche *Well-Being* bezieht sich jedoch eher auf den Aspekt der Gestaltung der Arbeitsumgebung, wie beispielsweise der optimalen Einrichtung der Räume und des Arbeitsplatzes. Damit wäre jedoch lediglich isoliert **ein** Aspekt des angelsächsischen *Well-Being* Konzeptes abgedeckt (siehe Abb. 4.2). Manchmal gehören zum deutschen *Well-Being* auch die Organisation von Firmenevents oder Geburtstagsfeiern sowie Unterstützung von individuellen Anliegen. Diese Aktivitäten wären der Dimension **Soziales** zuzuordnen. Es handelt sich dabei jedoch um eher operative Aspekte, die dem ganzheitlichen und strategischen Charakter von *Feelgood-Management* nicht gerecht werden. Diese Differenzierung im Deutschen zwischen *Well-Being* und *Feelgood* und der damit einhergehenden Reduzierung von *Feelgood-Management* auf *Well-Being*-Aktivitäten, ist auch der Grund, warum *Feelgood-Management* teilweise als ‚Nice-to-have' oder ‚Bespaßung' der Mitarbeiter falsch verstanden wird. Das angelsächsische Konzept des *Well-Being* ist jedoch, wie das deutsche *Feelgood-Management* ein ganzheitliches, strategisches Konzept. Die holistische Verankerung von Well-Being ist in Abb. 4.2 veranschaulicht.

Abb. 4.2 Ganzheitlicher und strategisches Ansatz des angelsächsischen Well-Being. (Quelle: Eigene Darstellung in Anlehnung an CIPD 2018)

Feelgood-Management in etablierten Unternehmen 5

Die Beschäftigung von Feelgood-Managern primär in jungen Wachstumsunternehmen wirft die Frage auf, warum das Konzept und Berufsbild bisher seltener in etablierten Unternehmen zu finden ist. Um diese Fragestellung zu erörtern, werden in den folgenden Kapiteln die Herausforderungen bei der Einführung des Konzeptes und Berufs diskutiert sowie Kritik und Bedenken aus der Sicht traditioneller Unternehmen dargestellt. Einleitend wird zum Verständnis der Begriff ‚Traditionelle' oder ‚Etablierte' Unternehmen definiert.

5.1 Begriffsdefinition: Etablierte Unternehmen

Zur Einordnung und Begriffserklärung eines etablierten Unternehmens wird das Lebenszykluskonzept einer Organisation herangezogen. Jedes Unternehmen durchläuft in seiner Existenz einen Entwicklungsprozess, der sich in vier Phasen unterteilt. Die Phasenabschnitte leiten sich aus dem Produkt-Lebens-Zyklus ab und umfassen die Gründungs-, Wachstums-, Reife- und Rückgangsphase (Brettel, Rudolf & Witt, 2005; Heinrichs, 2008). Im Laufe dieser Zeit entwickelt sich das Unternehmen aus organisationstheoretischer Sicht von einem wenig reglementierten System zu einem deutlich bürokratischerem in Sinne von festgelegten Strukturen wie z. B. Delegation zur Steigerung der organisatorischen Effizienz. Die jeweiligen Phasen sind gekennzeichnet durch sogenannte Krisen oder Wendepunkte (Greiner, 1998), in denen eine Anpassung der Organisation vorgenommen wird, um weiteres Wachstum oder andere Unternehmensziele zu ermöglichen.

Traditionell wird zwischen jungen Wachstumsunternehmen und etablierten Unternehmen unterschieden (Brettel et al., 2005), wobei sich ‚etabliert' nicht

© Springer Fachmedien Wiesbaden GmbH, ein Teil von Springer Nature 2019
U. Weber und S. Gesing, *Feelgood-Management*, essentials,
https://doi.org/10.1007/978-3-658-23977-0_5

zwangsläufig auf die Größe bezieht, sondern das Vorhandensein von Strukturen. Die Abb. 5.1 skizziert die Einordnung der Begriffe in den Lebenszyklus eines Unternehmens.

Im Gegensatz zu etablierten Unternehmen unterteilen sich junge Unternehmen wiederum in Start-Ups und Wachstumsunternehmen. Beides sind Organisationen in der Gründungs- und Wachstumsphase. Anfängliche Orientierung, Planung und hohe Investitionsaufwendungen zeichnen sich bei der Unternehmensgründung ab. Anschließend folgt die Marktdurchdringung und starkes Wachstum. Wenn das Marktwachstum sich stabilisiert, ist ein Unternehmen am Markt etabliert. Eine erfolgreiche Produktpalette und Markenbekanntheit sind Charakteristika dieser Phase. Die Herausforderung der letzten Phase liegt in einer notwendigen strategischen Neuausrichtung und Revitalisierung des Unternehmens, um weiterhin am Markt bestehen zu können (Heinrichs, 2008). Dies geschieht oft extern durch strategische Allianzen, Zusammenschlüsse und Schaffen von Netzwerkstrukturen (Greiner, 1998).

Etablierte Unternehmen zeichnen sich somit durch eine stabile Entwicklung aus, haben über viele erfolgreiche Produkte eine maximale Skalierung und eine hohe Markenbekanntheit erreicht (Fligstein & Berger, 2011). Als beispielhafte Unternehmen lassen sich Bertelsmann Arvato, Allianz, TÜV Rheinland und die AXA Versicherung nennen, die im Rahmen der Untersuchung zu der Rolle von *Feelgood-Management* befragt wurden. Diese Unternehmen stehen für eine gewisse Größe, verzeichnen eine über Jahre gewachsene Struktur und haben sich lange erfolgreich am Markt behauptet. Oftmals sind etablierte Unternehmen auch

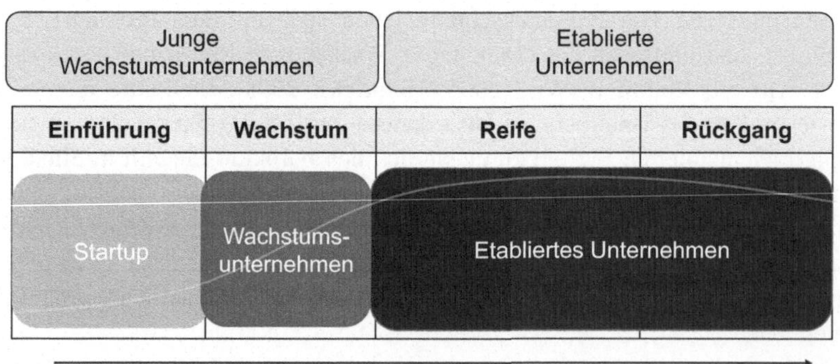

Abb. 5.1 Unternehmens-Lebenszyklus. (Quelle: Eigene Darstellung in Anlehnung an Heinrichs, 2008, S. 20 ff.)

unter dem Begriff *Brick and Mortar*-Unternehmen (Onpulson, o. J.) bekannt. Diese Bezeichnung umfasst alle Unternehmen, bei denen das Geschäftsmodell nicht primär auf dem Internet als Medium fußt. Zudem zeichnen sich etablierte Unternehmen durch eine langjährige Historie aus. Strukturen, Prozesse und ein bestimmtes Werteverständnis sind über viele Jahre gewachsen. Tradition hat Qualität, und Bewährtes wird als Maxime beibehalten. Diese Strategie steht oftmals im Gegensatz zu neue Ideen und Methoden, wie sie in Start-Ups oder den bewusst geschaffenen Spin-Offs (siehe Abschn. 2.4) möglich sind. Auch unterscheidet sich häufig die Risikobereitschaft und Haltung gegenüber Veränderungen. Daher könnte *Feelgood-Management* als nicht notwendig erachtet oder auf mangelnde Akzeptanz stoßen. Zudem werden anglistische Begriffe oft mit kurzlebigen Trenderscheinungen gleichgesetzt, die keine Ernsthaftigkeit und Substanz haben. In persönlich geführten Gesprächen mit Personalverantwortlichen etablierter Unternehmen wurden auch Bedenken geäußert, dass Mitarbeiter der Veränderung skeptisch gegenüber stehen und sich fragen könnten, welche weitreichenderen Absichten das Unternehmen mit *Feelgood-Management* verfolgt. Etablierte Unternehmen greifen eher auf bewährte oder *best practice* Konzepte zurück, die allen Beteiligten Sicherheit geben.

Diese Unterschiede zwischen jungen Wachstumsunternehmen und etablierten Unternehmen können somit in bestimmten Herausforderungen resultieren, die bei der Einführung des *Feelgood-Konzeptes* und besonders bei der Schaffung einer Feelgood-Manager-Stelle auftreten können. Für die folgenden Kapitel zur Diskussion möglicher Herausforderungen wird das in diesem Kapitel erläuterte Verständnis des Begriffs ‚etabliertes' Unternehmen zugrunde gelegt.

5.2 Feelgood Management in etablierten Unternehmen

Feelgood-Management hat aktuell eine hohe Medienpräsenz und erreicht auch etablierte Unternehmen. Die mit Personalverantwortlichen etablierter Unternehmen geführten Gespräche ergaben, dass vielen die Begriffe *Feelgood-Management* und *Feelgood-Manager* jedoch nur flüchtig bekannt sind. Die Vertreter etablierter Unternehmen haben jedoch eine Vorstellung davon, was der Begriff bedeutet. Jedoch polarisieren *Feelgood-Management* und sein Berufsbild. Überwiegend wird der Begriff mit Wohlbefinden, Gesundheit und Mitarbeiter-Engagement verbunden. Einige Gesprächspartner assoziierten *Feelgood-Management* jedoch auch mit der Befürchtung, die Verantwortung für Führung delegieren zu wollen. *Feelgood Management* ist zwar präsent, wird aber eher skeptisch betrachtet und in seiner Ausprägung an Komplexität der Aufgaben und Ziele unterschätzt. Manche Organisationen nehmen *Feelgood-Management* auch als überflüssig wahr, da die Aufgaben des *Feelgood-Managements* bereits von anderen Funktionen wahrgenommen werden, auch wenn diese nicht *Feelgood-Management* heißen. Andere Unternehmen begrüßen das Konzept an sich, lehnen aber den Namen *Feelgood-Management* ab, weil er zu sehr nach ‚Bespaßung' der Mitarbeiter klingt. Diese Ungleichheit in der Definition von *Feelgood-Management* könnte zu anfänglichen Problemen führen, da *Feelgood-Management* zuerst genau in seine Handlungsfeldern aufgefächert werden muss, um seine Tragweite und Nutzen verständlich zu machen und Akzeptanz und Überzeugung zu erreichen.

Die Ergebnisse einer Studie (Staufenbiel Institut, 2015), in der 197 etablierte Unternehmen zu Feelgood-Management befragt wurden, zeigen ein ähnliches Bild. Nur 4 % der Unternehmen würden als Maßnahme im Rahmen der Gestaltung der Unternehmenskultur eine eigenverantwortliche Position wie Feelgood-Manager schaffen. Ferner sehen 42 % der Arbeitgeber eine Problematik darin, die komplexe Thematik der Unternehmenskultur an eine Person zu delegieren. Weitere 14 % sehen das Berufsbild als Bespaßung und lächerliche, nicht ernsthafte Problembehandlung des Themas Unternehmenskultur. Lediglich ein Viertel der befragten Personalverantwortlichen stehen dem Feelgood-Manager neutral und unvoreingenommen gegenüber. Die Befürworter waren 2015 mit 12 % noch in der Minderzahl.

5.3 Messbarkeit des Nutzens von Feelgood-Management

Ein Grund für die Skepsis der interviewten Personalverantwortlichen ist, dass *Feelgood-Management* auf Faktoren im Unternehmen einwirkt, welche nur schwer messbar sind. Konkrete betriebswirtschaftliche Kennzahlen lassen sich nur indirekt auf die Arbeit von Feelgood-Managern zurückführen. Eine rückläufige Fluktuation kann zum Teil auf die Arbeit des Wohlfühlbeauftragten zurückgeführt werden, aber auch durch andere Komponenten wie zum Beispiel gutes Führungsverhalten oder sehr attraktive Vergütungssysteme hervorgerufen werden. Meist gibt es nicht **den** einen Grund, sondern es ist das Zusammenspiel von mehreren Faktoren. Deswegen haben sich Unternehmen mit *Feelgood-Management* teilweise dafür entschieden, nicht alles genau messen zu müssen. Vielmehr werten sie den Erfolg von *Feelgood-Management* durch monatliche Umfragen und Feedback-Runden ohne monokausale Zuweisung.

Auch werden andere Phänomene als Kennzahlen für den Erfolg des FGM herangezogen. Eine Feelgood-Managerin berichtet, dass es als positive Kennzahl gewertet werden kann, wenn viele Beschäftigte, die eigentlich von zu Hause aus arbeiten könnten, doch im Büro erscheinen und die Angebote dort nutzen. Diese Art der indirekten und ‚weichen' Messbarkeit trifft bei etablierten Unternehmen vermehrt auf Widerstand. Oft sind sie sehr an ‚harten' im Sinne von konkret messbaren Kennzahlen orientiert und legen bei der Neueinführung von Konzepten oder Methoden auf direkte Ursachen- und Wirkungszusammenhänge Wert.

5.4 Reduktion von Feelgood-Management auf eine Person

Der größte Kritikpunkt an FGM ist die Reduktion der Unternehmenskultur und des Wohlbefindens der Mitarbeiter auf eine einzelne Person. Dies mag in kleineren Betrieben möglich und sinnvoll sein. Je größer jedoch ein Unternehmen wird, desto wichtiger ist es, ein so komplexes und wichtiges Thema wie Implementierung einer Unternehmenskultur auf mehrere Bereiche aufzuteilen. Die Tragfähigkeit sei nur gesichert, wenn die Verantwortung für die Umsetzung von mehreren übernommen wird. Ebenfalls sei es seit jeher Teil der klassischen Führungsaufgaben, positive Arbeitsbedingungen zu schaffen, die von nun an durch einen Feelgood-Manager nicht einfach delegiert und weitergegeben werden können (Gulnerits, 2013). Die Notwendigkeit, eine eigene Stelle für eine Wohlfühlkultur zu schaffen, löst deswegen bei vielen Unternehmen Skepsis aus. Sie vermuten, dass Feelgood-Manager auf zu viele Hindernisse treffen würden. Es würde sich auch sehr schwierig gestalten, ein auf Start-Ups zugeschnittenes Konzept in gleicher Form auf etablierte Unternehmen anzuwenden. Zu groß seien die Unterschiede in vielen Aspekten zwischen jungen und etablierten Unternehmen. Auch müsste die Gehaltsfindung, die benötigen Ressourcen und der Aufgabenbereich von Feelgood-Managern klar definiert und gegenüber anderen Funktionen in der Organisation abgegrenzt werden.

5.5 Rolle von Führungskräfte im Feelgood-Management

Das Wachstum von Unternehmen ruft die Notwendigkeit hervor, organisatorische Strukturen zu schaffen, die Komplexität und Führungsspanne reduzieren. Führungskräfte werden traditionell als Bindeglied zwischen Beschäftigten und

Geschäftsleitung eingesetzt. Sie verfügen über Personal- und Sachverantwortung und haben die Aufgabe, Mitarbeiterinnen und Mitarbeiter zu motivieren und zu führen. Ferner delegieren Führungskräfte Aufgaben und setzen Ziele für Beschäftigte, um in ihrer Gesamtheit das Unternehmensziel und den Unternehmenserfolg zu sichern. Führungskräfte haben dabei eine Vorbildfunktion und sind idealerweise ein Leitbild für die Unternehmenswerte und -normen. Mitarbeitermotivation und das Schaffen optimaler Rahmenbedingungen zum Arbeiten sind somit traditionell Führungsaufgaben, die entweder von Führungskräften allein oder zusammen mit HR wahrgenommen werden. Dies stellt eine enorme Herausforderung bei der Etablierung einer Position für Feelgood-Manager dar, denn Führungskräfte könnten sich in ihrer Verantwortung leicht übergangen fühlen. Zudem haben leitende Personen einen starken Einfluss auf die gelebte Umsetzung des Wertekanons und somit auf die Unternehmenskultur sowie das Verhalten der Beschäftigten. Wenn trotz der Maxime eines wertschätzenden Umgangs und partizipativen Führungsstils Führungskräfte autoritär und fordernd führen, dann hat Feelgood-Management keine Chance, sowohl im Start-Up als auch im etablierten Unternehmen. Die Arbeit eines Feelgood-Managers kann daher noch so professionell und erfolgreich sein, letztendlich ist der Erfolg von Feelgood-Management stark abhängig von den Führungskräften (Bürgel, 2016). Feelgood-Management muss daher von allen gelebt werden, insbesondere von Führungskräften.

5.6 Schnittstellen und Synergien von FGM mit anderen Abteilungen

Das Schaffen von optimalen Arbeitsbedingungen und die Gestaltung der Unternehmenskultur werden in etablierten Unternehmen seit jeher diskutiert. Viele Abteilungen und Bereiche im Unternehmen verantworten oft bereits Teilaufgaben des Feelgood-Managements, so die Meinung der befragten Personalverantwortlichen etablierter Unternehmen. Besagte Schnittstellen sind der Betriebsrat, die Personalabteilung und das Betriebliche Gesundheitswesen. Diese Bereiche sind eher auf gesundheitliche und mitbestimmungsrechtliche Aspekte sowie Rahmenbedingungen von Arbeit konzentriert, wirken in ihrer Gesamtheit jedoch auf das Thema Feelgood-Management ein. Falls es diese Funktionen alle bereits in Unternehmen gibt und sie sehr aktiv sind, würden die Aufgaben eines Feelgood-Managers teilweise dupliziert werden. Zudem können sich diese Abteilungen schnell übergangen fühlen, und es könnte zu Problemen bei Absprachen kommen. Die Schwierigkeit bei der Implementierung der

Feelgood-Management Position bestände darin, das Aufgabenfeld so konkret zu formulieren, dass die Tätigkeiten nicht doppelt übernommen werden. In den nachfolgenden Kapiteln werden die wichtigsten Schnittstellen und Abteilungen im Unternehmen erläutert, die auf bestimmte Aspekte des FGM bereits einwirken.

5.6.1   Health & Safety und Betriebliches Gesundheitsmanagement

Um die Sicherheit und Gesundheit der Beschäftigten bei der Arbeit zu gewährleisten, gibt es in den meisten Ländern Gesetze und Verordnungen zum betrieblichen Arbeitsschutz. Diese umfassen unter anderem Regeln zum technischen Arbeitsschutz, der die Sicherheit der Beschäftigten bei der Arbeit gewährleistet, sowie zum sozialen Arbeitsschutz, in dem die Sicherheit von besonders schutzbedürftigen Personen, wie zum Beispiel Auszubildenden, sichergestellt wird (BAuA, 2018). Bei den Verordnungen der Berufsverbände und Unfallversicherer sowie Gesetzen zur Arbeitssicherheit kann es bereits eine organisatorische Schnittmenge mit Feelgood-Management geben, wenn die Position des Feelgood-Managers diese gesetzlichen Vorschriften und die Einhaltung der Arbeitsgesetzte mit als Aufgabe beinhaltet.

Größere inhaltliche Berührungspunkte ergeben sich mit dem Betrieblichen Gesundheitsmanagement. Dessen Ziel ist es, betriebliche Strukturen und Prozesse zu entwickeln, welche die gesundheitsförderliche Gestaltung von Arbeit und das Verhalten von Beschäftigten unterstützen (Badura, Walter & Hehlmann, 2010). Dies findet zusätzlich zu den gesetzlichen Richtlinien statt und ist ein freiwilliges Angebot der Unternehmen, um die physische und zunehmend psychische Arbeitsfähigkeit der Mitarbeiterinnen und Mitarbeiter zu erhalten und zu fördern. Diese Aufgabe kann, je nach Größe und Organisation des Unternehmens, sowohl von einer speziell dafür eingerichteten Funktion des Betrieblichen Gesundheitsmanagements (BGM) wahrgenommen, als auch dem Feelgood-Management zugeordnet werden. Besonders in kleineren Unternehmen oder Organisationen ohne institutionalisiertes BGM kann Feelgood-Management Impulse zu gesundheitsförderlichen Maßnahmen geben oder zu der organisatorischen Verankerung in Prozessen und Strukturen beitragen. Beispielhaft genannt sei das Angebot eines 30-minütigen Sport- oder Entspannungskurses in der Mittagszeit. Ein weiteres zentrales Thema des BGM ist die betriebliche Wiedereingliederung nach längerer Krankheit. Vom Gesetz her geregelt, müssen Organisationen Maßnahmen zur Wiedereingliederung anbieten (Betriebliches Wiedereingliederungs-Management). Der Erfolg solcher

Maßnahmen hängt maßgeblich von der Reintegration der Beschäftigten in Arbeitsabläufe und vor allem in existierende soziale Gruppen und deren Akzeptanz der eingeschränkt Arbeitsfähigen ab. Welche Funktion im Unternehmen ist hier dafür zuständig, diese Reintegration zu ermöglichen, zu begleiten oder zu moderieren? Wäre hier eine Zusammenarbeit aller Beteiligten (BGM, Vorgesetzte, HR und Feelgood-Manager) denkbar und von Vorteil?

5.6.2 Arbeitnehmervertretung und Betriebsrat

In etablierten Unternehmen sind Arbeitnehmervertretungen und Betriebsräte meist ein fester Bestandteil und haben eine lange Tradition. Dies liegt dabei nicht unbedingt an der Größe der Unternehmen, denn nach dem Betriebsverfassungsgesetz müssen in einem Unternehmen lediglich fünf ständige und wahlberechtigte Mitarbeiter beschäftigt sein, um einen Betriebsrat zu gründen. Diese Mindestzahl ist auch bereits in den meisten Start-ups gegeben, die im Durchschnitt 11 Mitarbeiter haben (KPMG, 2017). Oftmals wird ein Betriebsrat in Start-Ups oder sehr dynamischen Branchen wie IT jedoch als überflüssig betrachtet, da Mitsprache bei flachen Hierarchien als selbstverständlich gilt. Der Fokus liegt eher darauf, schnell Umsatz zu generieren und nicht darauf, sich um Strukturen zu kümmern (siehe Abschn. 5.1). Manchmal wird ein Betriebsrat auch bewusst vermieden, um Entscheidungen ohne die notwendige Zustimmung oder Abstimmung mit Mitarbeitern oder deren Vertretung zu treffen. Auch entspricht es meist nicht dem Selbstverständnis von Start-Ups, ein vermeintliches Relikt aus den Zeiten der Industrie 1.0 zu haben. Oftmals erinnern sich Beschäftigte an die Vorteile der gesetzlichen verankerten Mitbestimmung in Form eines Betriebsrates, wenn sie sich bei organisatorischen Belangen nicht mehr ,gehört‘ fühlen oder das Unternehmen in eine ,Krise‘ des Lebenszyklus (siehe Abschn. 5.1) gerät und beispielsweise Kündigungen drohen.

Betriebsräte haben zudem viele Aufgaben, die mit der rechtlichen Durchsetzung von Mitbestimmung bei bestimmten Prozessen wie Einstellung und Kündigung nichts zu tun haben. So sollen Betriebsräte auch die Vereinbarkeit von Beruf und Familie fördern sowie die Integration von ausländischen Mitarbeitern, um einige Beispiele zu nennen. Sie können grundsätzlich Maßnahmen beantragen, die dem Betrieb oder der Belegschaft dienen. Die daraus abgeleitete Hypothese wäre, dass viele Aufgaben des Betriebsrates auch vom Feelgood-Management abgebildet werden können und umgekehrt. So könnte ein gut funktionierendes FGM einen Betriebsrat überflüssig machen, oder ein kooperativer

Betriebsrat als Feelgood-Manager agieren. Der Unterschied zwischen Feelgood-Management und Betriebsrat liegt letztlich in dem gesetzlich verankerten Mitbestimmungsrecht für Betriebsräte bei bestimmten Prozessen, was es für Feelgood-Manager nicht gibt. Wie jedoch Mitbestimmung in der betrieblichen Praxis gelebt wird – ob über Betriebsrat oder Feelgood-Management – hängt wieder sehr von der jeweiligen Unternehmenskultur und dem Lebenszyklus einer Organisation ab.

5.6.3   Human Resources

Im Human Resource Management (HRM) oder Personalmanagement werden die Strategien und Rahmenbedingungen entwickelt, mit denen die langfristigen Organisationsstrategien und -ergebnisse unterstützt werden. Der Bereich fokussiert auf diverse Handlungsfelder: Herausforderungen durch demografischen Wandel, Kompetenzen, Organisationsentwicklung, Rahmenbedingungen, Unternehmenskultur und -werte sowie Commitment der Mitarbeiterinnen und Mitarbeiter. Dabei richtet sich HRM an den sich wandelnden Anforderungen von Arbeit (z. B. Digitalisierung, Agilität) und Geschäftsmodellen aus (CIPD, 2018b). Human Resource Management umfasst drei Grundorientierungen: In seiner Humanorientierung ist es gerichtet auf Beschäftigte als Individuen, auf wechselseitigen Respekt sowie wirksame Partizipation. In seiner Ressourcenorientierung koordiniert und entwickelt HRM die jetzigen und zukünftigen Kompetenzen, Fähigkeiten und Fertigkeiten der Beschäftigten für möglichst optimale organisatorische Ergebnisse. In seiner Managementorientierung erfüllt es seine unternehmerische Führungsfunktion im Interesse von Beschäftigten, Unternehmen und Gesellschaft (Wirtschaftslexikon, 2018).

Die Aufgaben der **Funktion** Human Resources (HR) als solches, also der **Abteilung** HR oder Personal, umfassen alle Aktivitäten des Mitarbeiter-Lebenszyklus: Gewinnung von Beschäftigten, Auswahl, Einsatz, Entwicklung, Performance, Bindung, Entlohnung und Freisetzung. Beeinflusst wird HRM durch gesetzliche Rahmenbedingungen wie Arbeits-, Sozial- oder Betriebsverfassungsgesetze, die mit zunehmender Unternehmensgröße an Bedeutung gewinnen. Dies bringt dem Bereich HR oftmals den Ruf ein, eher verwaltend statt gestaltend tätig zu sein. Auch wird HR oft auf die Ressourcenorientierung reduziert mit der zentralen Aufgabe, die rechtzeitige Bereitstellung der notwendigen Kompetenzen zur Umsetzung der Unternehmensstrategie zu sichern. In vielen Unternehmen bedeutet das eine klare Erwartung der Führungskräfte an HR: Die richtige Person zum richtigen Zeitpunkt am richtigen Ort zu haben. Dies ist jedoch nur eine

Ausschnittsbetrachtung der Aufgaben der Abteilung HR. Ganzheitliche Arbeit von HR umfasst auch die Humanorientierung des HRM wie Unterstützung wirksamer Partizipation und respektvoller Umgang miteinander sowie Aspekte der Managementorientierung wie Förderung guter Führung.

Diese Aspekte finden sich ebenso im FGM als auch im angelsächsischen *Well-Being* Konzept wieder, das bereits organisatorisch in der Abteilung HR angesiedelt ist. Somit könnte FGM auch im HR Bereich angesiedelt sein. Es hängt jedoch stark von der jeweiligen Ausgestaltung des HRM, den Aufgaben des HR-Bereichs und den beabsichtigten Zielen von FGM in einer Organisation ab, ob dies sinnvoll ist. So kann es zu Synergien und Aufgabenteilungen kommen, gerade in einem Bereich wie HR, der oftmals widersprüchlich Aufgaben wahrnehmen muss: Für das Wohlergehen der Mitarbeiter zu sorgen (Humanorientierung/Feelgood-Management) und gleichzeitig auf die betriebswirtschaftliche Effizienz zu achten (Ressourcenorientierung). Diese Widersprüche sind auch in dem Business Partner Modell von Dave Ulrich reflektiert, der die Aufgabe von HR als „Paradox Navigator" beschreibt (Höhmann, 2017). Hier lohnt es sich im nachfolgenden Kapitel, einen Blick auf die Rollen des HR Business Partner Modells von Dave Ulrich zu werfen, um die Synergien mit FGM zu beleuchten.

5.6.4 Business Partner Modell und Feelgood-Management

Das HR-Business Partner Modell umfasst 4 Grundrollen, die nicht als präskriptive Rollen zu verstehen sind, sondern Ergebnisse darstellen, die HR erreichen soll. Die vier Grundrollen sind: *Strategischer Partner, Veränderungsmanager, administrativer Experte* und *Employee Champion.* Die Rollen, die die höchsten Gemeinsamkeiten mit denen des Feelgood-Managers haben, sind die der *Employee Champions* und der *Change Agents.* Besonders die Rolle des *Employee Champions* vertritt die Interessen der Beschäftigten. *Employee Champions* sollen als Ansprechpartner für Beschäftigte fungieren und deren Commitment sowie Leistungsfähigkeit erhöhen. Die Rolle der *Veränderungsmanager* oder auch *Change Agents* umfasst zudem das Management von Veränderungen im Unternehmen, die Befähigung von Mitarbeiterinnen und Mitarbeitern zum Wandel und die Mitgestaltung der Erneuerung der Organisation. Beide Rollen, aber besonders die Rolle des *Change Agents,* fungieren als Mediator zwischen dem Unternehmen und den Beschäftigten. In diesem Verständnis sind beide Rollen mit der des Feelgood-Managements vergleichbar, da sie als Auftrag die gute Gestaltung der Arbeitsbeziehungen und des Arbeitsumfeld zum Wohle der

Beschäftigten und damit zum Wohl der Organisation haben. Die Förderung dieses konstruktiven und wertschätzenden Miteinanders am Arbeitsplatz wird im Englischen auch „Employee Relations" genannt, das sich auf die Zusammenarbeit auf kollektiver, aber besonders auf individueller Ebene bezieht (CIPD, 2018c) Denn diese positive Beziehungen (Relations) am Arbeitsplatz, besonders die informellen Unternehmenskultur satt der formellen, fördern das physische und psychische Wohlergehen der Mitarbeiter und Engagement. Während die Rolle des *Employee Champion* und *Change Agent* aus dem Modell von Dave Ulrich sich primär auf die Abteilung HR bezieht, ist *Employee Relations* auf keine Abteilung oder organisatorisches Format festgelegt. HR als Bereich stellt Prozesse zur Förderung von Employee Relations bereit wie zum Beispiel den Austausch zwischen Beschäftigten und Führungskräften und fungiert als Mediator. Jedoch sind *Employee Relations* auch Fähigkeiten und Kompetenzen, über die jede Führungskraft verfügen sollte. Besonders gewünscht sind kommunikative Fähigkeiten, Konfliktlösungskompetenzen, Sensibilität für die Belange der Mitarbeiter und die Fähigkeit, zwischen dem Management und den Mitarbeitern zu vermitteln. Diese Forderung steht im Einklang mit der Schlussfolgerung aus Abschn. 5.5, dass jede Führungskraft ein Feelgood-Manager sein sollte.

Chance und Gestaltungsmöglichkeiten in etablierten Unternehmen

6

Aufbauend auf den vorherigen Kapiteln gibt es verschiedene Ansätze für die Realisierung von Feelgood-Management in etablierten Unternehmen. Im Folgenden werden mehrere kreative Gestaltungsmöglichkeiten für etablierte Unternehmen aufgeführt. Wichtig ist dabei zu betonen, dass es nur individuelle Lösungen geben kann, die jeweils an die Kultur und Struktur des Unternehmens angepasst werden sollten.

6.1 Positiver Führungsstil

Um Feelgood-Management in einem traditionellen Unternehmen zu etablieren, ist ein grundsätzlicher Paradigmenwechsel der Führung notwendig (Schrader & Wenzl, 2015). Die meisten Unternehmen haben realisiert, dass der klassische autoritäre Führungsstil, wenn nicht situativ oder operativ notwendig, ausgedient hat. Die an eine Führungskraft gestellten Anforderungen, Erwartungen und Aufgaben werden immer differenzierter und gehen über das Bild bloßer Entscheider im Sinne des Unternehmens deutlich hinaus. Anstelle von hierarchischer Macht tritt die Notwendigkeit von lateraler und partizipativer Führung, die Kooperation und Vertrauen stärkt (Schrader & Wenzl, 2015). Vorgesetzte sollen heutzutage auch als Coach, Mediator und Motivator agieren, welche auf Augenhöhe kommunizieren, Anerkennung aussprechen und Partnerschaftlichkeit suchen. Zusammengefasst wird diese Art des neuen Führungsstils als ‚Positive-Leadership' (Ruckriegel et al., 2015). Wie bereits in Abschn. 4.1 kurz thematisiert, basiert dieser Stil auf den Erkenntnissen der Positiven Psychologie, welche die positiven Zustände der Psychologie wie Optimismus, Vertrauen und Glück analysiert. Dieser positive Führungsstil gibt Mitarbeiterinnen und Mitarbeitern

© Springer Fachmedien Wiesbaden GmbH, ein Teil von Springer Nature 2019
U. Weber und S. Gesing, *Feelgood-Management*, essentials,
https://doi.org/10.1007/978-3-658-23977-0_6

die Möglichkeit, sich persönlich einzubringen, räumt Handlungsfreiheit ein und unterstützt das unabhängige, selbstständige und selbstverantwortliche Arbeiten der Beschäftigten (Haas, 2015). Kontrolle und Mikromanagement werden durch Autonomie, Vertrauen und Wertschätzung ersetzt. Fehler werden als Lernquelle genutzt, um Schwächen auszugleichen (Eckstein, 2015). Konstruktive Kritik und der Fokus auf persönliche Bedürfnisse und Weiterentwicklung sowie ein Verständnis für private Situationen der Mitarbeiter, verhindert Burn-out, stärkt Resilienz und Einsatzbereitschaft (Haas, 2015). Zudem wird sich nicht auf Probleme, Defizite und Dysfunktionen konzentriert, sondern Stärken und bisherige Erfolge in den Vordergrund gestellt. Dies fördert Energie und grundsätzliche Bereitschaft für Veränderungen (Schrader & Wenzl, 2015). Dadurch tragen Führungskräfte, ähnlich wie ein Feelgood-Manager als Employee Champion, zu einer positiven Grundhaltung und Atmosphäre im Unternehmen bei. Um diesen positiven Führungsstil zu integrieren, ist es notwendig, die Zusammenhänge zwischen Wohlbefinden, Engagement der Mitarbeiterinnen und Mitarbeiter und besonders Vertrauen in eine wertschätzende Unternehmenskultur sowie dem Erfolgszuwachs der Organisation zu verdeutlichen. Auf diese Weise wird besonders in Zeiten der Digitalisierung und Globalisierung sowie den damit einhergehenden Veränderungen der bisherigen Zusammenarbeit ein Gefühl der Dringlichkeit erreicht. Führungskräfteentwicklung, Workshops und schriftliche Verhaltenskodizes tragen zur Realisierung des Wandels bei. Alle Führungskräfte sollten am Ende Feelgood-Manager ihrer Mitarbeiterinnen und Mitarbeiter sein.

6.2   Feelgood-Teams und Feelgood-Botschafter

Alle Beschäftigten sind bestrebt, eine angenehme Arbeitsatmosphäre zu haben. Einige werden dafür auch selbst aktiv und bringen Ideen und Impulse für eine bessere Arbeitsplatzgestaltung oder ein gemeinschaftliches Miteinander ein. Dieser freiwillige Einsatz im Rahmen von *Organizational Citizenship Behavior* (Organ, 1998) unterstützt und schafft im Unternehmen vereinzelt bereits Feelgood-Management. Die Personen wirken als Change Agents, die einen Entwicklungsprozess vorantreiben (Schewe, 2016). Im Falle des Feelgood-Managements würde dies bedeuten, Bereiche und Abteilungen zu identifizieren, die sich durch ‚harte‘ und ‚weiche‘ Faktoren wie konstruktive Arbeitsbeziehungen untereinander und zu Vorgesetzten, eine niedrigen Anzahl von Krankheitstagen, hohe Produktivität und generell ein positives Abteilungsklima auszeichnen. Dort werden dann die Ansprechpartner und Personen identifiziert, die diese positive Abweichung in der Abteilung geschaffen haben. Um im gesamten Unternehmen davon zu profitieren, sollte eine Plattform gestaltet werden, um sich freiwillig weiter zu engagieren und zu äußern. Dies schafft eine Basis für sogenannte ,Feelgood-Botschafter', die aus intrinsischer Motivation sich um das Thema kümmern. Auch eigenständige und selbstberufene Feelgood-Teams, die in einer interdisziplinären Gruppe eine Vielzahl von Bereichen und Kompetenzen abdecken, wären denkbar. Diese Teams können, ähnlich einer Studierendenvertretung an einer Universität, aus innerer Überzeugung heraus Feelgood-Management im eigenen Unternehmen voranbringen. Dabei sollten sie in ihren Anliegen von der Unternehmensleitung unterstützt und begleitet werden.

6.3 Outsourcing von Teilen des Feelgood-Managements

Eine weitere Möglichkeit, FGM im Unternehmen zu etablieren, ist das Outsourcen bestimmter Elemente dieses Konzeptes. Durch die Inanspruchnahme qualifizierter und spezialisierter Unternehmen, die Teilaspekte des FGM übernehmen, können Kosten einer eigenen innerbetrieblichen Stelle eingespart werden (Balze, Rebel & Schuck, 2007) und der interne Feelgood-Manager sich auf den Kern des FGM, die Unternehmenskultur, fokussieren. Kritisch zu sehen ist das Outsourcen der kompletten Stelle. Eine externe Person könnte als negativ assoziierter Problemlöser gesehen werden oder als (unternehmens-)kulturfremder Außenseiter. Damit wäre der Haupteffekt des FMG, die positive Veränderung der Unternehmenskultur, nicht zu erreichen. Der Initiator und Prozesseigner für FGM muss das Unternehmen immer selbst sein, das sich die Rand-Kompetenz von außen lediglich einkauft. So könnte ein Unternehmen zum Beispiel die Wohnungssuche für neue Beschäftigte an Agenturen outsourcen. Als Betriebliches Gesundheitsmanagements kann auf Anfrage ein Physiotherapeut das Unternehmen betreuen oder Rahmenverträge mit Sportstudios vereinbart werden. Denkbar wäre auch die Zusammenarbeit mit Feng-Shui-Beratern, die die Arbeitsplatzgestaltung optimieren und harmonischer gestalten, und Eventagenturen, die jährliche Feiern organisieren und ausrichten. Einige Prozesse können bewusst outgesourced werden, um die Privatsphäre der Mitarbeiter zu schützen. So zum Beispiel das Einrichten einer psychologischen Hotline oder das Engagieren von professionellen Mediatoren. Je nach Bedarf und Notwendigkeit, können Unternehmen so ihr eigenes Feelgood-Management nach ihrem Verständnis individuell und passgenau gestalten.

6.4   Innerbetriebliche Synergien

Viele Abteilungen in etablierten Unternehmen wirken bereits in ihrer Gesamtheit auf das Ziel von Feelgood-Management ein (siehe Abschn. 5.6). Diese Bereiche agieren jedoch oft eigenständig und unabhängig voneinander. Das Bewusstsein, was durch ihr Zusammenspiel der positive Effekt auf die Unternehmenskultur ist, ist daher nicht immer präsent. Oft fehlt ein Leitgedanke für diese Zusammenarbeit oder eine Art Feelgood-Netzwerk, das die Abteilungen koordiniert, die zu der Zufriedenheit der Beschäftigten, einer positiven Unternehmenskultur und wertschätzendem Miteinander beitragen. Zu diesen Abteilungen und Initiativen zählen HR, der Betriebsrat, Facility Management, Health & Safety, Compliance, Knowledge Management, Betriebliches Gesundheitswesen, Diversity Management, um nur einige Beispiele zu nennen. Möglich wäre auch das Eingliedern des Feelgood Managements in einen bereits bestehenden Bereich. Hier bietet sich besonders HR an. Fraglich ist nur, inwieweit der disruptive Ansatz von Feelgood-Management als Zeichen des Neuen zum Tragen kommt, wenn es in einen bestehenden Bereich integriert wird.

Auch würde ein Netzwerk aller Beteiligten deutlicher die systemische Verankerung von Feelgood-Management in der DNA der Organisation signalisieren. So könnte eine Plattform, die den Informations- und Gedankenaustausch untereinander fördert, unabhängig von Abteilungen, einen Ideenpool generieren und Impulse sowie Anregungen zur weiteren Verbesserung schaffen. Auch die Übernahme bestimmter Teilbereiche des Feelgood-Managers durch Mitarbeiter, die in einer der aufgeführten Feelgood-relevanten Abteilungen arbeiten, wäre denkbar, um Synergien zu schaffen. Beispielhaft sei ein weltweit agierender Outsourcing-Dienstleister in Ostwestfalen genannt, der seit Jahren einen ‚Employee Relations Manager' im IT-Bereich beschäftigt, der sich explizit für das Thema Onboarding bei ausländischen Mitarbeitern engagiert. Für diese Position wurde keine neue Stelle geschaffen, sondern die Person ist bereits seit Jahren in der Personalabteilung tätig. Die Position Feelgood-Manager muss somit nicht eine explizit ausgeschriebene und neu zu besetzende Stelle sein, vielmehr können die Aufgaben von unterschiedlichen Bereichen getragen oder Teilaufgaben auf Mitarbeiter dieser Abteilungen delegiert werden. Das Mitwirkende dieser Bereiche in der Gesamtheit schafft ein erfolgreiches FGM im Unternehmen. Es zeigt deutlich, dass Feelgood Management nicht Aufgabe einer einzelnen Abteilung ist, sondern in der Unternehmenskultur nachhaltig verankert.

Feelgood-Management als unternehmerisches Werteverständnis 7

Alle befragten Personalverantwortlichen in etablierten Unternehmen sind davon überzeugt, dass das Konzept des Feelgood-Managements und die Implementierung einer positiven Unternehmenskultur, geprägt durch wertschätzendes Miteinander, gesunde Führung sowie gesunde Arbeitsbedingungen, von höchster Wichtigkeit sind. Alle Organisationen, ob Start-Up, etabliertes Unternehmen, NGOs oder öffentlicher Dienst, stehen vor der Herausforderung, geeignete Arbeitskräfte für sich zu gewinnen und zu halten sowie Kreativität und Innovation voranzutreiben, um weiterhin erfolgreich zu sein. Das Humankapitel einer Organisation und dessen Förderung wird als **der** strategische Erfolgsfaktor bewertet, und eine Feelgood-Kultur, ob sie nun explizit so heißt oder nicht, als Grundvoraussetzung gesehen. C. Riekel (persönliche Kommunikation, 24.08.2018), Personalverantwortlicher in einem globalen Versicherungsunternehmen, fasst dies zusammen: „Unabhängig davon, ob es eine institutionalisierte Stelle in einer Unternehmung gibt, sind aber die Ziele, […] die damit verfolgt werden, im Zweifel fast für alle Unternehmen maßgeblich." Auch die Direktorin Talent Management G. Mannel (persönliche Kommunikation, 22.08.2018) eines traditionsreichen, multinationalen Industrieunternehmens, ist überzeugt: „Einige Bereiche bei uns beschäftigen sich ja mit dem Thema, vielleicht nicht so flexibel wie es kleine Unternehmen tun. Aber gesunde Mitarbeiter, auf jüngere Generationen eingehen, […] sind ja große Themen, die alle bewegen." Dies zeigt, dass die Bedeutung von Feelgood-Management als unternehmerisches Werteverständnis grundlegend anerkannt ist. Die Frage ist nur, wie das strategische Ziel der wertschätzenden Unternehmenskultur erreicht wird? Es obliegt den Unternehmen selbst, ihren Werten und ihrer Struktur, wie dies erfolgt: Über die Einstellung von Feelgood-Managern, über Synergien zwischen verschiedenen bereits bestehenden Bereichen, Stärkung bestimmter Abteilungen, Veränderungen von Rahmenbedingungen, Ausbildung

© Springer Fachmedien Wiesbaden GmbH, ein Teil von Springer Nature 2019   35
U. Weber und S. Gesing, *Feelgood-Management*, essentials,
https://doi.org/10.1007/978-3-658-23977-0_7

von Führungskräften, Organisationsentwicklung, oder über neue Elemente wie Feelgood-Teams und Feelgood-Botschafter. Hier muss jede Organisation selbst entscheiden, welcher Mix zu ihr passt. Wie immer die jeweils richtige Lösung auch aussehen mag: Grundsätzlich lohnt sich eine individuelle organisatorische Ausgestaltung und Weiterentwicklung des Konzeptes *Feelgood-Management* auch für etablierte Unternehmen, um einer positive Unternehmenskultur, gesunder Führung und wertschätzendem Miteinander einen Schritt näher zu kommen.

Was Sie aus diesem *essential* mitnehmen können

- Ein Verständnis für das Konzept Feelgood-Management und wie es organisatorische Agilität unterstützen kann
- Kenntnisse über andere Führungskonzepte, deren Unterschiede und Gemeinsamkeiten mit FGM, auch im internationalem Vergleich
- Gedanken zum Wertbeitrag von FGM außerhalb der Start-up Szene
- Anregungen zur Gestaltung und organisatorischen Einbindung von FGM in etablierten Unternehmen
- Meinungen von HR-Verantwortlichen etablierter Unternehmen zu den Chancen von FGM

© Springer Fachmedien Wiesbaden GmbH, ein Teil von Springer Nature 2019
U. Weber und S. Gesing, *Feelgood-Management*, essentials,
https://doi.org/10.1007/978-3-658-23977-0

Literatur

Accenture (2015): Harnessing the Power of Entrepreneurs to Open Innovation. Online verfügbar unter https://www.accenture.com/t20151005T162506__w__/us-en/_acnmedia/Accenture/next-gen/B20/Accenture-G20-YEA-2015-Open-Innovation-Executive-Summary.pdf, zuletzt geprüft am 12.08.2018.

Badura, B.; Walter, U.; Hehlmann, T. (2010): Betriebliche Gesundheitspolitik. Der Weg zur gesunden Organisation. 2., vollständig überarb. Aufl. Heidelberg: Springer.

Balze, W., Rebel, W. & Schuck, P. (2007). Outsourcing und arbeitsrechtliche Restrukturierung von Unternehmen. Tipps und Taktik (Tipps und Taktik, 3., neu bearb. Aufl.). Heidelberg: Müller.

BAuA (2018). Hg. v. Bundesanstalt für Arbeitsschutz und Arbeitsmedizin. Online verfügbar unter https://www.baua.de/DE/Home/Home_node.html, zuletzt geprüft am 16.08.2018.

Beck, K., Beedle, M., van Bennekum, A., Cockburn, A., Cunningham, W., Fowler, M. et al. (2001). *Manifest für Agile Softwareentwicklung*. Zugriff am 12.02.2016. Verfügbar unter http://agilemanifesto.org/iso/de/manifesto.html

Bennet, N., Lemoine, G.J. (2014): What VUCA really means for you. Hg. v. Harvard Business Review. Online verfügbar unter https://hbr.org/2014/01/what-vuca-really-means-for-you, zuletzt geprüft am 11.08.2018.

Bibliographisches Institut. (o.J.). *agil: Rechtschreibung, Bedeutung, Definition, Synonyme, Herkunft*. Zugriff am 12.02.2016. Verfügbar unter http://www.duden.de/rechtschreibung/agil

Birkinshaw, J./ Gibson, C. (2004): *Building Ambidexterity Into an Organization*. In: MIT Sloan Management Review. 46. Jg., Nr. 2, S. 47–57.

Brettel, M., Rudolf, M. & Witt, P. (2005). Finanzierung von Wachstumsunternehmen. Grundlagen – Finanzierungsquellen – Praxisbeispiele. Wiesbaden: Gabler Verlag.

Bürgel, I. (2016): Wohlfühl-Manager dürfen kein Alibi sein. Feelgood-Manager als Signal für den Wandel. Hg. v. Wirtschaftwoche. Online verfügbar unter https://www.wiwo.de/erfolg/trends/feelgood-manager-feelgood-manager-als-signal-fuer-den-wandel/13932702-2.html, zuletzt aktualisiert am 03.08.2016, zuletzt geprüft am 12.08.2018.

CIPD (2018): Human capital measurement and reporting. Hg. v. Institute of Personnel and Development. Online verfügbar unter https://www.cipd.co.uk/knowledge/strategy/analytics/human-capital-factsheet, zuletzt geprüft am 12.08.2018.

© Springer Fachmedien Wiesbaden GmbH, ein Teil von Springer Nature 2019
U. Weber und S. Gesing, *Feelgood-Management,* essentials,
https://doi.org/10.1007/978-3-658-23977-0

CIPD (2018b): Strategic human resource management. Hg. v. Institute of Personnel and Development. Online verfügbar unter https://www.cipd.co.uk/knowledge/strategy/hr/strategic-hrm-factsheet, zuletzt geprüft am 16.08.2018.

CIPD (2018c): Employee relations: an introduction. Hg. v. Institute of Personnel and Development. Online verfügbar unter https://www.cipd.co.uk/knowledge/fundamentals/relations/employees/factsheet, zuletzt geprüft am 16.08.2018.

Dreyer, E. (2013). Agiles Projektmanagement mit Scrum. Hamburg: Grin Verlag.

Eckstein, J. (2015). Agiles Management. In S. Scherber, M. Lang & D. Bartel (Hrsg.), *Agiles Management. Innovative Methoden und Best Practices* (Agiles Management, 1. Aufl., S. 15-28). Düsseldorf: Symposion Publ.

Fischer, O. (2015). Agile Enterprise Transition managen: Erfahrungen bei Fiducia. In S. Scherber, M. Lang & T. Bergmann (Hrsg.), *Erfolgsfaktoren wirklich agiler Unternehmen. Erfahrungsberichte aus der Praxis* (Agiles Management, 1. Aufl., S. 53-69). Düsseldorf: Symposion Publ.

Fligstein, N. & Berger, U. (2011). Die Architektur der Märkte (Wirtschaft und Gesellschaft, 1. Aufl.). Wiesbaden: VS Verl. für Sozialwiss.

Goldman, S. L., Nagel, R. N., Preiss, K. & Warnecke, H.-J. (1996). *Agil im Wettbewerb. Die Strategie der virtuellen Organisation zum Nutzen des Kunden.* Berlin, Heidelberg: Springer Berlin Heidelberg.

Greiner, L.E. (1998). *Evolution and Revolution as Organizations Grow.* https://hbr.org/1998/05/evolution-and-revolution-as-organizations-grow. Zuletzt aufgerufen am 23.08.2018.

Grüling, B. (2014). Wohlfühlen als Beruf. *Die Tageszeitung – taz Verlag und Vertrieb vom 01.11.2014.* Zugriff am 30.01.2016. Verfügbar unter http://www.taz.de/1/archiv/digitaz/artikel/?ressort=sp&dig=2014%2F11%2F01%2Fa0001&cHash=a59d57a7c92ddb-916820606db6c1ae07%20)

Guillium, L. & Klumpp, B. (2015). Scrum ist nicht genug: Erfahrungen bei der Telekom. In S. Scherber, M. Lang & T. Bergmann (Hrsg.), *Erfolgsfaktoren wirklich agiler Unternehmen. Erfahrungsberichte aus der Praxis* (Agiles Management, 1. Aufl., S. 31-51). Düsseldorf: Symposion Publ.

Gulnerits, K. (2013). Wohlfühlbeauftragte für Mitarbeiter. WirtschaftsBlatt Medien vom 06.12.2013. Zugriff am 14.02.2016. Verfügbar unter http://wirtschaftsblatt.at/archiv/printimport/1501196/Wohlfuhlbeauftragte-fur-Mitarbeiter?from=suche.intern.portal

Haas, O. (2015). *Corporate happiness als Führungssystem. Glückliche Menschen leisten gerne mehr* (Business & Success, 2., neu bearb. und wesentlich erw. Aufl.). Berlin: Schmidt.

Haas, O. (2016). *Wie Glück und Erfolg zusammenhängen.* In: Methodik 2016, S. 19–20.

Haufe (2017): Agiles Management als Führungs- und Organisationsprinzip. Hg. v. Haufe Online Redaktion. Online verfügbar unter https://www.haufe.de/personal/hr-management/organisationsentwicklung-agiles-management_80_308370.html, zuletzt geprüft am 12.08.2018.

Heinrichs, N. (2008). Bewertung von Wachstums- und Startup-Unternehmen. Analyse traditioneller Bewertungsverfahren und des stochastischen Modells von Schwartz und Moon (1. Aufl.). Univ., Magisterarbeit—Köln, 2008. Hamburg: Diplomica-Verl.

Highsmith, J. (2002). *Agile software development ecosystems* (The agile software development series, 3. printing). Boston, Mass.: Addison-Wesley.

Höhmann, I. (2017): Management-Guru Dave Ulrich im Gespräch. Hg. v. Harvard Business Manager. Online verfügbar unter http://www.harvardbusinessmanager.de/blogs/management-guru-dave-ulrich-im-gespraech-a-1076693.html, zuletzt aktualisiert am 16.05.2017, zuletzt geprüft am 16.08.2018.

Johann, T. & Möller, T. (2013). *Positive Psychologie im Beruf. Freude an Leistung entwickeln, fördern und umsetzen.* Dordrecht: Springer.

Kahveci, S. (2014). *Unternehmensstrategien in Krisenzeiten. Maßnahmen agiler Unternehmen.* Hamburg: Diplomica-Verl. Verfügbar unter http://www.diplomica-verlag.de/

Kasch, W. (2013). *Agil ist anders.* Personalmagazin (11/2013), 48-50.

KPMG (2017): Deutscher Startup Monitor 2017. Online verfügbar unter https://deutscherstartupmonitor.de/fileadmin/dsm/dsm-17/daten/dsm_2017.pdf, zuletzt geprüft am 16.08.2018.

Lang, M.; Scherber, S.; Bartel, D. (Hsg.) (2015): Agiles Management. Innovative Methoden und Best Practices. 1. Aufl. Düsseldorf: Symposion Publ (Agiles Management).

McGregor, D. (2005).The Human Side of Enterprise: Annotated Edition. New York: McGraw-Hill.

Neumair, S.-M. (2016). Gabler Wirtschaftslexikon: Definition „New Economy". *Springer Gabler Verlag.* Zugriff am 12.02.2016. Verfügbar unter http://wirtschaftslexikon.gabler.de/Definition/new-economy.html

Nörr, Monika (2016): Key Learnings aus dem Serial Entrepreneurship. Erfahrungen von Mehrfachgründern für eigene Innovationen nutzen. Wiesbaden: Springer Gabler.

Onpulson. (o.J.). *Brick and Mortar: Definition.* Zugriff am 18.02.2016. Verfügbar unter http://www.onpulson.de/lexikon/bricks-and-mortar/

O'Reilly III, C. A./ Tushman, M. L. (2008): *Ambidexterity as a dynamic capability: Resolving the innovator's dilemma.* Research in Organizational Behavior 28 (2008) 185–206.

Organ, D. W. (1988). Organizational Citizenship Behavior: The Good Soldier Syndrome. New York: The Free Press.

Pröpper, N. (2012). *Agile Techniken für klassisches Projektmanagement. Qualifizierung zum PMI-ACP* (1. Aufl.). Heidelberg, Hamburg: mitp Verl.-Gruppe Hüthig Jehle Rehm.

Roock, A. (2015). Agiles Management: Wie kann das aussehen? Erfahrungen bei Jimdo. In S. Scherber, M. Lang & T. Bergmann (Hrsg.), *Erfolgsfaktoren wirklich agiler Unternehmen. Erfahrungsberichte aus der Praxis* (Agiles Management, 1. Aufl., S. 87-101). Düsseldorf: Symposion Publ.

Ruckriegel, K., Niklewski, G., Haupt, A. & Rodenstock, R. (2015). Gesundes Führen mit Erkenntnissen der Glücksforschung (1. Aufl.). Freiburg: Haufe-Lexware.

Ryan, R. M. & Deci, E. (2000). *Self-Determination Theory and the Facilitation of Intrinsic Motivation, Social Development, and Well-Being.* In: American Psychologist 55, 68–78.

Schewe, G. (2016). Gabler Wirtschaftslexikon: Definition "Change Agent". *Springer Gabler Verlag.* Zugriff am 17.02.2016. Verfügbar unter http://wirtschaftslexikon.gabler.de/Definition/change-agent.html

Schrader, O. & Wenzl, L. (2015). *Die Spielregeln der Führung. Erfahrungen und Erkenntnisse aus Unternehmen* (Systemisches Management, 1. Aufl.). Stuttgart: Schäffer-Poeschel Verlag.

Schramm, D. & Wetzel, S. (2010). Personalmanagement 2015 – Praktische Anforderungen und strategische Aktionsfelder. In D. Wagner & S. Herlt (Hrsg.), *Perspektiven des Personalmanagements 2015* (Unternehmerisches Personalmanagement, S. 55-86). Wiesbaden: Gabler Verlag / Springer Fachmedien Wiesbaden GmbH Wiesbaden.

Senge, P.M. (2006). The Fifth Discipline: The Art and Practice of the Learning Organization. New York: Currency Doubleday

Staufenbiel Institut. (2015). JobTrends Deutschland 2015. Die Studie zur Entwicklung am Arbeitsmarkt für Absolventen. Zugriff am 12.02.2016. Verfügbar unter https://www.staufenbiel.de/fileadmin/fm-dam/PDF/Publikationen_SS15/JobTrends_2015_Freigabe.pdf

Spath, D., Kelter, J., Rief, S., Bauer, W. & Haner, U.-E. (2009). Information Work 2009. Office 21-Studie; über die Potenziale von Informations- und Kommunikationstechnologien bei Büro- und Wissensarbeit. *Fraunhofer-Institut für Arbeitswirtschaft und Organisation IAO.*

Wirtschaftslexion (2018): Human Resource Management. Online verfügbar unter http://www.daswirtschaftslexikon.com/d/human_resource_management/human_resource_management.htm, zuletzt geprüft am 16.08.2018.

Zobel, A. (2005). *Agilität im dynamischen Wettbewerb. Basisfähigkeit zur Bewältigung ökonomischer Turbulenzen* (Wirtschaftswissenschaft). Wiesbaden, s.l.: Deutscher Universitätsverlag.